L'APICULTURE

de A à Z

de

Patrick Olivier

A

Abeille : L'abeille est un insecte social qui vit en colonie et produit du miel. Elle a un corps composé d'une tête, d'un thorax et d'un abdomen. Elle possède un exosquelette.

Les trois types d'individus présents au sein de la colonie sont la reine, les ouvrières et le faux-bourdon. La reine et les ouvrières sont des femelles, tandis que les faux-bourdons sont les mâles.

Acide acétique : produit utilisé au dessus des hausses empilées pour chasser la fausse-teigne. L'acide acétique attaque le métal.

Alvéole : Les cadres de ruches sont constitués de centaines d'alvéoles de cire dans lesquelles les abeilles élèvent le couvain, stockent le miel et le pollen.

La construction de ces alvéoles de forme hexagonale est optimisée et permet de contenir jusqu'à deux kilos de miel sur un cadre.

Amusette : Petite construction qui ressemble à l'ébauche d'une cellule royale. Lors des visites, il faut regarder si elle est pondue et dans ce cas, la détruire car elle deviendra une cellule royale.

Apiculture : L'apiculture est l'ensemble des méthodes utilisées par les apiculteurs pour élever des abeilles et récolter les produits de la ruche : le miel, le pollen, la gelée royale, la propolis et la cire d'abeilles.

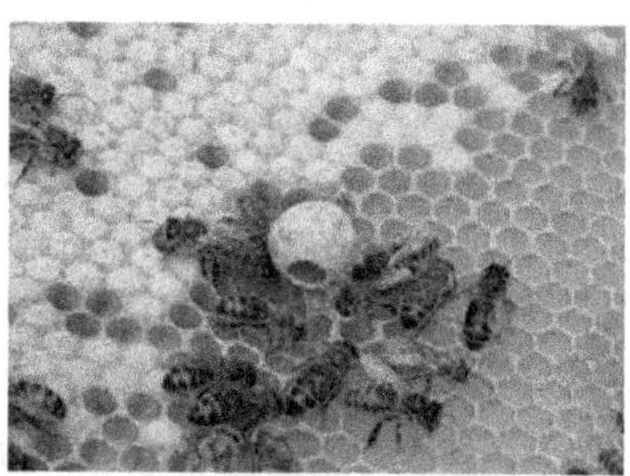

Apidéa : L'apidéa est une mini-ruche d'une vingtaine de centimètres de long sur douze de haut utilisée par les éleveurs de reines pour faire naître une reine et la faire féconder. L'avantage de cette taille réduite est de limiter la place et le nombre d'abeilles nécessaires à l'élevage des reines. Les apideas sont souvent en polyester. Si vous en avez beaucoup, il est conseillé de les peindre avec des couleurs différentes pour faciliter le retour des abeilles et des reines après fécondation.

Avette : Nom ancien de l'abeille.

B

Bâtisse : Il y a deux types de bâtisses pour les ruches : la bâtisse froide ou la bâtisse chaude. Dans la bâtisse chaude, les cadres sont parallèles à l'entrée de la ruche tandis que dans la bâtisse froide, ils sont perpendiculaires à l'entrée. Leur position facilite dans ce dernier cas la circulation de l'air dans la ruche.

Blocage de ponte : situation où la reine ne sait plus pondre parce que tous les cadres de corps sont occupés par du couvain ou du miel.

Il faut soit ajouter une hausse, soit retirer des cadres de réserves.

Le blocage de ponte favorise l'*essaimage*.

Le blocage de ponte est aussi une technique utilisée pour lutter contre le varroa.

Brosse : Une brosse ou une plume d'oie est très utile pour brosser les abeilles d'un cadre. Par exemple les cadres de hausses avant l'extraction.

Budget : Le budget pour commencer l'apiculture est composé des éléments suivants :

- L'équipement composé d'une combinaison, d'un enfumoir , d'une paire de gants et d'un *lève-cadre*.

- Le matériel composé d'une ruche et d'une colonie.

- La formation.

L'équipement avoisine les 150 €, le matériel 100€ sans la colonie et la formation est souvent gratuite dans beaucoup de groupements apicoles. Une colonie coûte environ 250€ mais peut être constitué au départ d'une division faite par un apiculteur bienveillant.

Il faut donc prévoir 500€ pour démarrer et 250€ par ruche supplémentaire.

La vente de miel et de colonies par la suite peut amener des revenus qui équilibrent au bout de trois à quatre ans l'investissement de départ.

Butineuses : Les abeilles sont butineuses durant la moitié de leur vie, c'est à dire entre la quatrième et la sixième semaine. Les butineuses sont plus agressives que les abeilles qui restent à l'intérieur de la ruche.

Leur rôle est de butiner les fleurs et de ramener le nectar dans leur jabot et du pollen dans leurs sacs à pollen. Une fois arrivées à la ruche, le nectar est récupéré par les ouvrières qui vont le stocker dans les alvéoles.

C

Cadre : Les ruches actuelles sont des ruches à cadres mobiles que l'on peut retirer et déplacer. C'est très pratique pour agrandir la colonie ou créer de nouvelles colonies. Avant la création de la ruche à cadre mobile au 19ème siècle les ruches étaient en paille et il fallait détruire la colonie pour récolter le miel. Ce type de ruche en paille non respectueuse de l'abeille n'est plus utilisée qu'à des fins didactiques.

Cadre à mâles : Il s'agit d'un cadre moins haut ou d'un cadre muni d'une demi-cire gaufrée et que les abeilles construisent dans le bas en grandes cellules où des œufs de mâles seront pondus.

Comme la durée d'éclosion du mâle est plus longue et la cellule plus grande, il y aura plus de varroas qui vont y entrer. Le but de l'opération est de détruire les cellules de mâles juste avant l'éclosion de la cellule pour éliminer ainsi une grande quantité de varroas. Cette technique se pratique de mai à juin.

Pour détruire les cellules, vous pouvez donner les cadres à vos poules ou les accrocher aux arbres où ils feront le bonheur des mésanges.

Cagette : Petit accessoire en plastique permettant d'enfermer une reine et quelques abeilles.

La cagette est utilisée pour le transport, l'envoi ou l'introduction de reine. Pour le transport et l'envoi, la reine est enfermée avec six ou sept abeilles et une petite réserve de candi. Arrivée à destination, la fermeture derrière le candi est enlevée avant d'introduire la cagette au milieu du couvain ouvert d'une ruche préalablement orphelinée. Les abeilles vont libérer la reine en grignotant le candi.

Une reine avec ses abeilles et du candi peut vivre trois à quatre jours dans une cagette.

Candi : Le candi est un sucre solide que l'on peut donner aux abeilles comme complément à la fin de l'hiver si on craint un manque de nourriture. On place le candi au-dessus du couvre cadre en pratiquant un trou dans le paquet pour permettre l'accès aux abeilles. Une autre technique consiste à affiner le candi avec un rouleau à pâtisserie et à le placer directement au sommet des cadres. Le candi se trouve dans les magasins spécialisés. Vous pouvez en fabriquer vous-même en mélangeant du miel avec du sucre en poudre.

Cellule royale : Construction faite par les abeilles au départ d'une alvéole pondue dans laquelle la reine va être élevée.

Une cellule royale mesure entre deux et trois centimètres pour permettre à la reine de se développer. Les abeilles vont la gaver de gelée royale pour lui permettre ce développement et en faire une reine reproductrice.

Cellule royale de sauveté : Cellule royale construite par les abeilles quand la reine a disparu brutalement. Cellule construite à la hâte et de forme moins classique.

Cellule royale de supersédure : Cellule royale décidée par les abeilles pour remplacer la reine jugée trop vieille ou ne pondant plus assez. Ce type de cellule est au milieu du cadre.

Chant des reines : En période d'essaimage ou même simplement de reproduction des reines, on entend parfois le chant des reines. Il s'agit d'un "tuut-tuut-tuut".

Ce chant s'entend surtout le soir quand le rucher est au calme.

En fait, ce sont les reines vierges qui chantent. La première reine qui éclot se met à chanter et les autres reines encore dans leurs cellules royales lui répondent. C'est une sorte de défi que les reines se lancent ainsi. Quand les abeilles entendent ce chant, elles empêchent les autres reines de sortir de leur cellule.

Pour chanter et émettre le son, la reine émet des vibrations en bougeant les muscles de ses ailes, mais sans mouvement de celles-ci. Cela produit des résonances dans son thorax qui est le chant des reines.

Chasse-abeilles : Le chasse abeilles est un labyrinthe qui permet aux abeilles de passer dans un sens et pas dans l'autre. Quand on place cet équipement entre la ruche et la hausse que l'on veut retirer, la majorité des abeilles présentes dans la hausse redescend dans la ruche. Cela facilite grandement le travail de l'apiculteur pour retirer les hausses.

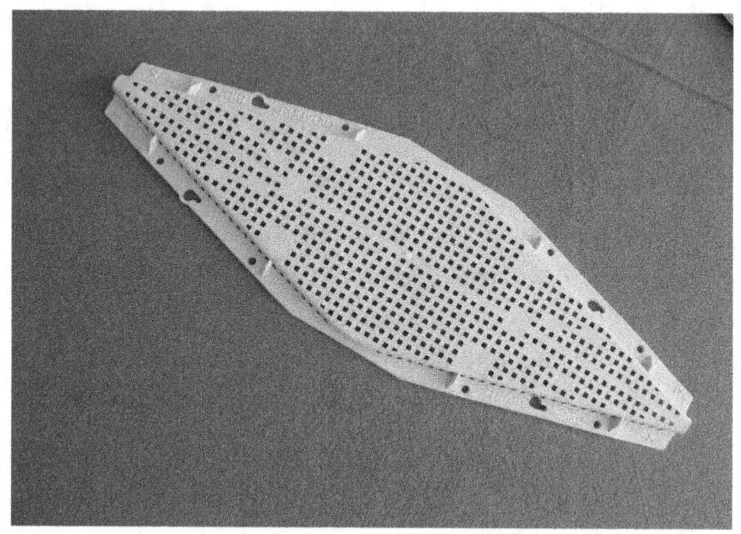

Cire : La cire dans la ruche a plusieurs sources. L'apiculteur place des cires gaufrées sur les cadres et les abeilles les étirent en utilisant les écailles de cires produites par les jeunes abeilles. Les abeilles operculent aussi les cellules quand les larves vont se métamorphoser en imago. Une fois le miel suffisamment sec, les abeilles déposent une opercule de cire pour éviter qu'il se ré-humidifie.

Cire gaufrée : Feuille de cire découpée aux dimensions d'un cadre sur laquelle le dessin des alvéoles est dessiné en relief avec de la cire. Cette feuille est attachée sur un cadre renforcé par du fil métallique. Les abeilles vont étirer les alvéoles en utilisant les écailles de cire produites par les cirières.

Clippage : action de couper les ailes de la reine d'un côté. Ainsi lorsqu'elle essaime, elle est incapable de voler et on la retrouve à quelques mètres du rucher avec un petit groupe d'abeilles.

Cette pratique est barbare et doit être évitée.

Colonie : groupe d'abeilles qui habitent une même ruche. La colonie est souvent considérée comme un super animal qui a sa vie propre. Cent abeilles ne sont pas viables, mais une colonie avec reine et toutes les abeilles aux différentes strates d'âge se suffit à elle-même et se renouvelle naturellement au fil des ans. C'était du moins vrai avant le varroa et le frelon asiatique.

Combustible : matériau que l'on brûle dans l'enfumoir pour produire de la fumée. On peut en acheter dans le commerce ou récolter de la luzerne, des bouts de bois, de la paille …

Après allumage de l'enfumoir, il est recommandé de mette de l'herbe bien verte au-dessus du combustible pour donner une fumée froide et épaisse.

Couleurs : les abeilles distinguent et reconnaissent les couleurs sauf le rouge. Par contre, elles voient l'ultra-violet que nous ne distinguons pas.

Peindre les faces avant des ruches de couleurs différentes permet aux abeilles de retrouver plus facilement leur ruche et d'éviter ainsi la dérive.

Couteau à désoperculer : grand couteau dont la longueur est supérieure à la longueur d'un cadre. Il sert à couper les opercules sur les alvéoles pour permettre l'extraction du miel.

Couvain : il s'agit de l'ensemble des cadres où se trouvent les alvéoles qui contiennent les œufs, les larves et les abeilles non encore écloses. Le couvain se trouve au milieu de la colonie à l'endroit le plus chaud à une température de plus ou moins 35°C. On distingue le couvain non operculé composé des œufs et des larves, du couvain operculé dans lequel la larve est transformée en imago avant de donner naissance à l'abeille.

Couvre-cadres : plaque le plus souvent en bois placée au-dessus des cadres pour empêcher les abeilles d'accéder au toit.

Le couvre-cadres est percé d'un trou de cinq à six centimètres de diamètre pour permettre de placer un nourrisseur ou un paquet de candi.

Quand le nourrisseur n'est pas en place, on obture le trou avec une plaque de bois que les abeilles vont propoliser.

D

Dadant : Charles Dadant vécut au 19ème siècle. Il est considéré comme l'inventeur de la ruche à cadre mobile.

Une ruche assez volumineuse porte son nom et est la ruche la plus utilisée en France. Il existe des ruches Dadant 10 cadres et 12 cadres.

Les hausses Dadant font la moitie du volume du corps de ruche.

Danse des abeilles : technique utilisée par les abeilles pour indiquer aux butineuses la présence d'une source de nectar à proximité de la ruche.

Cette danse à lieu dans le cas d'une source de butinage proche de la ruche, généralement à moins de 100 m.

Cette danse très simple ne fournit aucune indication de direction, mais simplement l'odeur de la fleur et sa proximité.

Pour une source plus éloignée, l'abeille qui a rejoint la ruche fait une danse en huit c'est à dire un parcours rectiligne suivi d'un demi-cercle pour revenir au point de départ alternativement par la droite et puis par la gauche. Durant le parcours rectiligne, l'abdomen de l'abeille frétille. Comme dans la danse en rond, l'odeur de l'abeille renseigne sur la fleur visitée, mais la danse frétillante donne d'autres indications concernant la direction et l'éloignement.

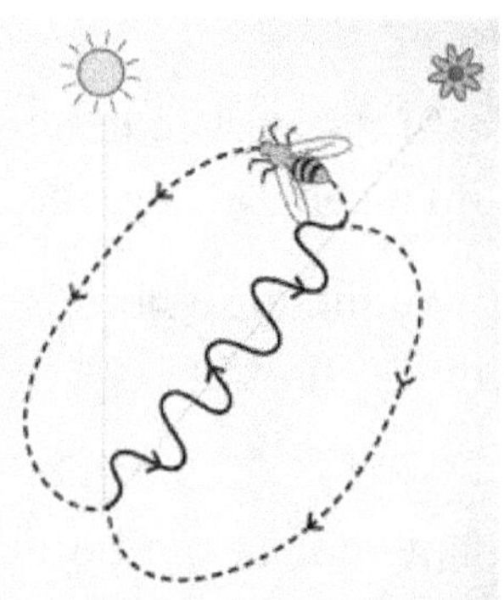

La direction est donnée par l'angle que forme le parcours rectiligne avec la verticale. Cet angle rapporté à la direction du soleil à la sortie de ruche donne la direction à suivre.

L'information de distance est déduit de la fréquence de frétillement . Au plus la danse est rapide, au plus courte la distance avec la source de nectar ou de pollen.

Dard : le dard est un double aiguillon très dur muni d'un fin tuyau par lequel passe le venin. Les aiguillons traverse la peau et comme ils ont des barbillons, ils ne peuvent plus ressortir. L'ensemble est doté d'une poche à venin et se détache de l'abeille qui meurt. Surtout, si vous êtes piqué et voyez la poche à venin, ne la prenez pas entre vos doigts car vous injecteriez le reste du venin. Prenez une carte de banque et d'un mouvement latéral contre la peau arrachez le tout.

Quand les abeilles piquent, elles dégagent des *phéromones* d'attaque et les autres abeilles se précipitent ce qui explique les piqûres multiples.

Déplacement : le déplacement d'une ruche doit être progressif de maximum un mètre par jour ou alors de plus de trois kilomètres.

Si vous ne respectez pas ces distances les abeilles vont revenir à l'ancien emplacement et ne pas retrouver la colonie.

Dérive : l'apiculteur a souvent l'habitude d'aligner ses ruches. Il en résulte des erreurs lorsque les abeilles rentrent au rucher.

Normalement, les défenseures empêchent une abeille d'une autre colonie de rentrer, mais si elle transporte du miel, elles la laissent passer.

Cette erreur de ruche au retour s'appelle la dérive. On constate souvent que quand les ruches sont alignées que les ruches aux extrémités ont plus d'abeilles que celles du milieu.

Pour éviter la dérive, il faut disposer les ruches d'une façon plus aléatoire par groupes de deux ou trois.

Peindre les faces avant des ruches de *couleurs* vives facilite aussi aux butineuses de retrouver leur ruche.

Désoperculation : action de retirer l'opercule sur les cadres de miel afin de permettre l'extraction. La désoperculation peut se faire avec une fourchette à désoperculer ou avec un couteau spécial.

Distance de vol : Question que l'on se pose souvent. Une abeille peut voler jusqu'à deux kilomètres et demi de sa ruche.

C'est pour cette raison que lorsque l'on veut désorienter une ruche, il faut l'amener à cinq kilomètres de son emplacement de départ car si une butineuse retrouve un lieu qu'elle a déjà survolé, elle risque de retourner à son emplacement d'origine.

Cette distance est un maximum en pleine période de butinage. Au printemps, une abeille ne s'éloigne qu'à quelques centaines de mètres de la ruche.

Divisible : type de ruche où le corps a les mêmes dimensions que les hausses. Il est donc possible d'inverser le corps et les hausses et cela permet des techniques différentes pour mener une colonie.

Division : action de retirer des cadres d'une ruche pour constituer une nouvelle colonie.

On prélève au minimum un cadre de couvain ouvert, un autre de couvain operculé et un cadre de réserve. On y ajoute les jeunes abeilles provenant d'un ou deux cadres non operculés pour aider au développement de la nouvelle colonie. Le démarrage de la colonie peut être accéléré en ajoutant une cellule royale sur le point d'éclore.

Durée de vie : la durée de vie d'une abeille diffère selon sa fonction.

La reine peut vivre jusqu'à cinq ans, mais souvent l'apiculteur la remplace après deux saisons de production car la reine devient plus essaimeuse en vieillissant.

L'ouvrière vit six semaines. Trois dans la ruche où elle exerce le rôle de nettoyeuse, cirière, nourrice et puis défenseure. Les trois semaines suivantes, elle devient butineuse et rapporte le pollen et le nectar à la ruche.

Les ouvrières pondues en fin de saison ne doivent pas s'occuper du couvain et vivent jusqu'à six mois. Elles mourront après avoir élevé les premières ouvrières à la fin de l'hiver ou au début du printemps . On les appelle les abeilles d'hiver et ont un rôle essentiel dans le démarrage de la colonie au printemps.

Le faux-bourdon ne vit que quelques semaines. A la fin de l'été quand sa fonction de reproducteur n'est plus utile, il est chassé de la ruche par les ouvrières afin d'éviter qu'il ne consomme les réserves.

E

Enfumoir : accessoire très utile de l'apiculteur qui lui permet de calmer les abeilles en envoyant de la fumée en douceur. Choisissez un modèle large avec un soufflet solide car c'est toujours le point le plus faible.

Un *combustible* odorant est privilégié. Évitez les pommes de pin qui excitent les abeilles.

Entreposage des cadres : pour éviter que vos cadres soient attaqués par la fausse-teigne, empilez-les avec un moustiquaire au dessus et en dessous des hausses.

La *fausse teigne* n'aime pas les courants d'air.

Essaim : d'avril à juillet, une colonie peut se multiplier naturellement par essaimage. Cela signifie que la moitié de la colonie quitte la ruche avec la reine et va s'accrocher aux environs de la ruche de départ.

Les éclaireuses vont chercher un endroit pour s'installer : un tronc d'arbre, une cheminée, une ruche vide, derrière un volet. Une fois l'endroit choisi, les abeilles vont commencer à bâtir, la reine va pondre et les butineuses ramener du nectar et du pollen.

Dans la ruche d'origine, les abeilles vont élever une nouvelle reine qui devra se faire féconder avant de commencer à pondre. Le couvain restant va éclore normalement.

Essaimage : action de quitter la ruche pour la moitié de la population et la reine.

Étiquette : quand vous vendez du miel, le pot doit être étiqueté. Les mentions minimales sont : miel, le nom et l'adresse de l'apiculteur, le poids net et si possible une détermination du type de miel.

Extracteur : appareil que l'apiculteur utilise pour extraire le miel. L'extracteur est un cylindre où l'on place les cadres verticalement. En faisant tourner l'extracteur, le miel est projeté sur la paroi du cylindre par la force centrifuge. Au bas du cylindre, un robinet permet de récupérer le miel.

Il y en a de deux types : les tangentiels et les radiaires.

Dans les extracteurs tangentiels, le cadre est placé parallèlement au diamètre et doit être retourné pour extraire le miel de l'autre côté du cadre.

Dans les extracteurs radiaires, le cadre est comme un rayon et il suffit de tourner dans l'autre sens pour extraire l'autre côté du cadre.

Il est possible de placer un moteur sur certains extracteurs pour faciliter l'extraction. Ce n'est intéressant que si vous extrayez plusieurs centaines de kilos chaque saison.

F

Fausse-teigne : petit papillon qui s'introduit dans les ruches et pond des œufs qui donnent naissance à des larves qui rongent les cires et tissent des cocons.

Dans une colonie en activité, les abeilles s'en débarrassent. Par contre la fausse-teigne fait de gros dégâts dans les hausses entreposées en hiver.

La fausse-teigne n'aime pas les courants d'air et le vinaigre la tue.

Pour éviter la fausse-teigne, entreposez vos hausses empilées avec une toile moustiquaire en haut et en bas. Cela crée un courant d'air et empêche le papillon de venir pondre.

Vous pouvez aussi mettre au sommet de la pile un récipient avec un peu de vinaigre dont l'odeur va retomber dans l'empilage.

Placez un toit au dessus de la pile en laissant circuler l'air.

Faux-Bourdon : il s'agit du mâle de la ruche. Il y en a plusieurs dans chaque ruche et ils peuvent passer d'une ruche à l'autre. Ils sont plus gros que les ouvrières et possèdent de gros yeux. Ils fécondent la reine en plein vol lors du vol nuptial. Les mâles ne sont présents dans la ruche que d'avril jusqu'au mois d'août. Une fois leur rôle de reproducteur devenu inutile, ils sont chassés hors de la ruche par les ouvrières. Par facilité, l'apiculteur appelle le mâle le bourdon.

Fièvre d'essaimage : au printemps, quand la population de la ruche est trop importante, se produit la fièvre d'essaimage. Les abeilles ralentissent leur activité, arrêtent de nourrir la reine pour faciliter son vol et commencent la construction de cellules royales. C'est la fièvre d'essaimage.

Pour l'arrêter, il faut prélever des cadres et des abeilles, bien aérer la ruche, détruire les cellules royales et donner du travail aux abeilles en les faisant construire des cadres.

Filtration : quand on extrait le miel, il est indispensable de le filtrer.

A cet effet, vous placez un tamis au-dessus du seau de récupération et éventuellement un filet plus fin. Cela permet de récupérer les abeilles mortes, opercules, ailes, pattes et autres impuretés qui n'ont rien à faire dans le miel.

Floraisons : les floraisons du printemps et de l'été sont multiples.

Au printemps : le noisetier, le crocus, le saule, le prunier, le cerisier, le pommier, l'érable, le poirier et le robinier faux-acacia.

En été : le châtaignier, le troène, le tilleul et le catalpa.

A l'automne, le lierre.

La diversité des floraisons est garante de la bonne santé des colonies.

Flore : livre sur les espèces botaniques fréquentes. Il reprend les fleurs et les arbres et tout apiculteur devrait en posséder au moins un exemplaire pour identifier et reconnaître les fleurs de son environnement.

Un livre sur les fleurs mellifères est un complément intéressant.

Force de la colonie : la force de la colonie se mesure au nombre de cadres occupés et au nombre de cadres de *couvain*. Il est important de mesurer la force des colonies au printemps pour déterminer les colonies à réunir.

Formation : l'apiculture ne peut pas se concevoir sans une solide formation. Celles-ci sont généralement prodiguées par les groupements d'apiculture. Recherchez une formation avec travail sur le terrain ce qui est synonyme de sérieux et d'apprentissage des bons gestes. Cela vous donnera aussi accès à un réseau d'apiculteurs qui pourront vous aider par des conseils et de l'entraide.

Cette formation peut et doit se continuer par des lectures et des conférences. Ne croyez pas qu'une connaissance théorique soit suffisante pour commencer l'apiculture.

Frelon : le frelon européen a toujours croqué l'une ou l'autre abeille, mais sans mettre pour autant en péril la survie de la colonie.

L'arrivée du frelon asiatique a changé la donne. Arrivé d'Asie, il est beaucoup plus vorace avec des populations très importantes, il peut détruire un rucher en quelques jours. Il n'a pas de prédateur en Europe et l'abeille européenne manque de moyens naturels de défense.

La seule solution est la destruction des nids de frelons asiatiques avec l'aide des pompiers ou de sociétés spécialisées. Ne vous attaquez pas seul à un nid de frelons asiatiques car leurs piqûres sont très dangereuses.

Le piégeage au printemps quand les reines fondatrices créent les nids et la protection du rucher par des muselières à l'entour des ruches sont les seules défenses que l'apiculteur peut mettre en place.

Fourchette à désoperculer : accessoire servant à désoperculer les cadres de hausses avant l'extraction du miel.

G

Gants : une bonne paire de gants avec une partie en cuir est quasi indispensable pour visiter les ruches. Veillez à ce que le cuir soit suffisamment souple pour avoir de bonnes sensations au toucher.

Quand j'ai débuté l'apiculture, on m'a conseillé d'utiliser des gants de vaisselle. Cela limite les piqûres et permet de s'habituer progressivement au venin d'abeilles. Ils présentent l'avantage de devoir travailler avec beaucoup de douceur et de précision. Leur désavantage est d'être très chauds en été.

Gelée royale : substance extrêmement riche fournie par les jeunes abeilles nourricières. Toutes les abeilles en reçoivent, mais la reine en est gavée. L'œuf étant le même que celui d'une abeille ouvrière, c'est la richesse de la gelée royale qui donne à la reine sa taille et permet le développement de sa spermathèque et de ses fonctions de ponte

Grappe : en hiver, la colonie d'abeille se regroupe en grappe pour augmenter la *température* et se protéger du froid.

Grille à propolis : la grille à propolis permet de récupérer de la propolis propre pour en faire des teintures ou des pommades. Il s'agit d'une feuille de plastique semi-rigide que l'on dépose au dessus de la ruche à la place du couvre-cadre en dessous du toit. Cette feuille est percée de trous que les abeilles vont propoliser pour rendre la ruche étanche. Quand la grille est bien propolisée, on la retire et on la roule avant de la mettre au surgélateur. La propolis gelée va devenir cassante et pourra être facilement récupérée.

Grille à reine : accessoire que l'on place entre le corps de ruche et la première hausse. L'écartement de la grille permet le passage des abeilles ouvrières vers la hausse, mais pas de la reine qui ne peut ainsi monter dans la hausse pour y pondre. On récolte ainsi un miel exempt de larves et de déchets.

Groupement apicole : association indispensable pour son apport multiple envers les apiculteurs. Il en existe dans chaque région ou département.

Elle organise des formations, des achats groupés et sa cotisation inclut généralement une assurance vis-à-vis des tiers.

H

Hausse : élément que l'on place au-dessus du corps de ruche pour agrandir la ruche vers le haut et permettre le stockage du miel récolté.

Hiver (abeilles d') : les dernières abeilles qui naissent à l'automne ne doivent pas élever des abeilles. De ce fait, elles ne consomment par leur corps gras et peuvent vivre plusieurs mois. Elles ont un rôle essentiel dans la reprise du développement de la colonie à la fin de l'hiver car ce sont elles qui vont assurer la naissance des premières abeilles quant la ponte de la reine va reprendre.

Hivernage : à la fin de l'été, l'apiculteur met les colonies en conditions d'hivernage. Cela consiste à resserrer les colonies sur six, sept ou huit cadres selon leurs forces, à placer des partitions isolantes, à traiter les abeilles contre le *varroa* et à nourrir les abeilles pour leur donner suffisamment de réserves pour passer l'hiver.

Humidité : le miel est un produit qui absorbe l'humidité. Pour pouvoir se conserver le taux d'humidité du miel doit être entre 16 et 18 %. Au-delà de 18 %, le miel va fermenter et devenir impropre à la consommation.

On considère généralement qu'un miel operculé est dans ces conditions, mais lors d'un printemps humide cela peut ne pas être le cas.

Pour mesurer le taux d'humidité, l'apiculteur emploie un *réfractomètre*. Il faut absolument mesurer le taux d'humidité avant l'extraction.

Si le miel est trop humide, il faut utiliser un ventilateur qui fait passer de l'air sec entre les cadres dans une pièce de petit volume où l'on assèche l'air avec un déshumidificateur.

Hydromel :

L'hydromel est une boisson alcoolisée fermentée à base d'eau et de miel, parfois appelée "vin de miel". Il est considéré comme l'une des plus anciennes boissons fermentées connues. Sa fabrication est similaire à celle du vin, mais le moût est composé de miel et d'eau plutôt que de jus de raisin.

L'hydromel est fabriqué en mélangeant du miel et de l'eau, puis en laissant fermenter ce mélange avec des levures.

La fermentation peut être naturelle, utilisant les levures présentes dans le miel, ou ajoutée, avec des levures spécifiques pour la production d'alcool.

Le taux d'alcool varie généralement entre 10° et 18°, selon les méthodes de fabrication et les types de levures utilisés.

Il peut être sec, pétillant, ou doux, comme un vin liquoreux.

I-J

Insémination : Action d'inséminer la reine. Un spécialiste prélève du sperme de faux-bourdons et l'injecte dans le ventre de la reine vierge à l'aide d'un appareil et d'un microscope. C'est un travail très particulier qui nécessite une hygiène très élevée. Il est réalisé pour obtenir des reines avec des caractéristiques particulières dans le cadre d'une sélection.

Isolation : L'isolation d'une ruche permet d'aider les abeilles en évitant les pertes de chaleur en hiver ou une augmentation de la température en été.

L'isolation est pratiquée avec une isolant de construction placé sous le toit de la ruche, des ruches à double parois et des partitions isolantes en hiver.

En été, l'isolation sous le toit et un ombrage aident les abeilles à réguler la *température*.

L

Larve : trois jours après la ponte, l'œuf éclot et une petite larve apparaît. Les abeilles lui donnent de la gelée royale et ensuite un mélange de miel et de pollen appelé du pain d'abeilles. La larve grandit très vite et après cinq jours, les abeilles operculent l'alvéole pour que la métamorphose ait lieu.

Lève-cadre : instrument allongé pour soulever les cadres parfois bloqués par la *propolis*. L'autre bout est aplati pour permettre le nettoyage. Préférez un lève-cadre coloré, il sera plus facile à retrouver quand il tombe dans l'herbe.

Marquez-le pour le reconnaître quand vous pratiquez l'apiculture en groupe.

Loque : maladie des abeilles qui se propage par des spores. La loque est à déclaration obligatoire.

Il existe deux sortes de loques : la loque européenne et la loque américaine.

M

Matériau : Dans le temps, toutes les ruches étaient en bois. On privilégiait un bois dur pour la longévité. Actuellement, d'autres matériaux apparaissent comme le polystyrène et le plastique.

Pour les ruches, je privilégie le bois pour sa durabilité et son caractère isolant.

Pour une ruchette, le polystyrène est une alternative intéressante en raison du faible poids. C'est l'idéal pour récupérer un essaim.

Le plastique est intéressant pour les cadres et les hausses.

Pour le petit matériel tels que les nourrisseurs, le plastique est parfait en raison de l'étanchéité.

Pour les mini-ruches telles que apidéa et mini-plus, le polystyrène est un matériau bon marché et adapté à l'usage.

Marquage : pour faciliter la recherche de la reine, il est habituel de la marquer. Si vous n'avez que quelques ruches, un trait sur le dessus du thorax avec de la peinture acrylique est suffisant. Si vous avez de nombreuses ruches, l'apiculteur colle une pastille numérotée sur le thorax. Cela permet de savoir de quelle ruche sort un essaim retrouvé aux abords du rucher.

Pour permettre d'identifier l'année de naissance de la reine, on utilise des pastilles de couleur différentes selon l'année :

Années se terminant par :

1 ou 6 : blanc,

2 ou 7 : jaune,

3ou 8 : rouge,

4 ou 9 : vert,

5 ou 0 : bleu.

Mélézitose : le mélézitose est un sucre provenant de *miellat* en fin de saison qui cristallise très vite dans le cadre. Il faut le retirer rapidement de la ruche car il est indigeste pour les abeilles.

Miel : produit résultant de la transformation du nectar des fleurs sous l'effet des enzymes produites par les abeilles.

Selon la fréquence d'extraction, l'apiculteur récolte un miel toutes fleurs, miel de printemps, miel d'été. Si la récolte n'est constituée que d'un seul type de fleurs, on a alors un miel spécifique comme le miel d'acacia, de lavande, de châtaignier, de colza ...

Miellerie : local où l'apiculteur extrait le miel. Pour l'hygiène, ce local doit être entièrement carrelé et disposer d'un évier et d'une arrivée d'eau.

Miellat : production des pucerons qui sucent la sève des arbres. Les abeilles récoltent le miellat. Lorsqu'il provient de sapins, il est dénommé miel de *sapin*.

Mini-Plus : Petite ruchette en polystyrène utilisée pour finir un élevage royal et féconder une reine.

La mini-plus est facile à peupler et peut être agrandie car elles sont empilables. Avec plusieurs mini-plus, il y a même moyen de faire passer l'hiver à une reine. Deux cadres de mini-plus égal un cadre de hausse Dadant.

N

Nectar : les fleurs produisent une substance liquide et sucrée appelée nectar que les butineuses aspirent avec leur langue et stockent dans leur jabot. Elles ramènent le nectar à la ruche où il est transmis aux ouvrières par trophallaxie. Les ouvrières stockent le nectar dans des alvéoles des hausses.

Nettoyage de printemps : durant l'hiver, les déchets de la ruche tombent sur le plancher. Ces déchets sont constitués d'abeilles, d'opercules de varroas morts …

Au printemps un bon nettoyage du plancher avec de l'eau additionnée de Javel et à la flamme permet d'éliminer les bactéries et d'assainir le plancher pour favoriser une bonne hygiène de la ruche.

Nourrisseur : certains ont la taille de la *ruche* et se posent au-dessus des cadres. D'autres plus petits en plastique sont déposés au-dessus du couvre-cadres. Très pratiques l'un et l'autre pour donner du sirop après la récolte d'été.

Nucléus : prélèvement de cadres dans un ruche pour créer une nouvelle colonie.

Un nucléus se compose d'au moins un cadre de réserve, d'un cadre de *couvai*n ouvert et d'un cadre de couvain fermé plus les jeunes abeilles de deux cadres de couvain ouvert.

Le nucléus est prélevé dans une seule *ruche*, souvent pour diminuer la *fièvre d'essaimage* ou dans plusieurs ruches.

O

Œuf : le plus souvent pondu par la reine. Éclot après trois jours pour donner naissance à une larve.

Un œuf fécondé donnera naissance à une ouvrière ou une reine si elle est nourrie avec beaucoup de *gelée royale*.

Un œuf non fécondé donnera naissance à un faux-bourdon.

Opercule : capuchon de cire fabriqué par les cirières pour fermer une *alvéole*.

Operculation : action de placer un opercule de cire sur une alvéole de miel ou de couvain.

Orientation du rucher : la meilleure orientation pour un rucher est sud-est ainsi le rucher bénéficie du soleil matinal et les colonies se mettent en activité tôt le matin.

Si le *rucher* est dans une région très venteuse, envisagez de le protéger par une haie ou de le placer à l'abri d'un mur.

Ouvrière : abeille née d'un *œuf* fécondé.

Les différents statuts d'une ouvrière au cours de sa vie sont : nettoyeuse, cirière, nourrisseuse, défenseure et butineuse.

P

Parrainage : le parrainage consiste à associer un apiculteur expérimenté avec un débutant.Cela permet au jeune apiculteur de bénéficier de la pratique d'un apiculteur, de voir comment faire et de poser toutes les questions auxquelles on est confronté au début.

Pour l'apiculteur expérimenté, cela exige de structurer ses explications et il bénéficie d'une aide matérielle.

Le parrainage n'est pas une alternative à une *formation* théorique, car avec un apiculteur, on n'apprend souvent qu'une façon d'aborder les questions. De plus, aucun apiculteur n'est exempt de défauts.

Partition : pièce en bois le plus souvent de la dimension d'un cadre utilisée pour diminuer la largeur d'une ruche quand tous les cadres de celle-ci ne sont pas mis en place.

Souvent les partitions sont doublées d'un matériau isolant pour conserver la chaleur au sein des cadres occupés par la colonie.

Peinture : la protection extérieure des ruches est assurée par une lasure. Il est important de choisir une peinture non toxique.

Certains utilisent de l'huile de lin. Il n'est pas nécessaire de protéger l'intérieur de la ruche. Les abeilles y déposeront de la *propolis*.

Les ruches, ruchettes, apidéa et mini-plus en polystyrène doivent être recouvertes d'une peinture acrylique pour empêcher la lumière de pénétrer.

Phéromones : les phéromones sont des odeurs chimiques produites par les individus au sein de la colonie.

La reine par ses phéromones, assure la cohésion de la colonie.

Lors du remplacement d'une reine, il est indispensable d'introduire la nouvelle reine dans une cagette avec un tampon de candi pour que la colonie s'habitue aux phéromones de la nouvelle reine.

Dans le cas de réunion, l'utilisation d'un produit à odeur forte est utile pour tromper les abeilles. On utilise généralement un alcool ou de la menthe.

Des phéromones sont aussi émises par le couvain. La présence de couvain ouvert retient les jeunes abeilles.

En cas de piqûre, l'abeille déclenche des phéromones d'attaque et les autres abeilles viennent l'aider ce qui explique les piqûres multiples. En cas de piqûre, utiliser l'enfumoir pour masquer les phéromones.

Pic : le pic est un oiseau qui peut faire des dégâts au rucher. Il est capable de percer la paroi de la ruche avec son bec pour atteindre le couvain et se nourrir des larves et des jeunes abeilles.

Si vous constatez ce genre d'attaque, la seule solution et d'entourer les ruches avec du treillis suffisamment fin pour empêcher le passage du pic.

Pillage : si vous constatez une activité anormale et intense devant une de vos ruches et des combats sur la planche de vol, probablement qu'elle fait l'objet d'un pillage. Il s'agit d'une colonie faible qui se fait piller ses réserves par une ruche plus forte.

Pour aider la colonie faible, réduisez l'entrée de la ruche avec deux bâtons. Ne laissez que deux ou trois centimètres à l'entrée. Ainsi les défenseures auront plus facile à interdire l'entrée aux abeilles d'une autre colonie.

Pour éviter le pillage, les actions suivantes sont à favoriser :

- ne laisser pas des déchets de cire au rucher,

- éliminez les nourrisseurs qui fuient,

- remplissez les nourrisseurs tard le soir.

Pince à reine : Pour marquer une reine, le plus simple est de la prendre entre le pouce et l'index par le thorax. La reine peut émettre à ce moment des vibrations que certains apiculteurs trouvent désagréables. A ce moment le plus simple est d'utiliser une pince à reine pour attraper la reine et de la basculer dans un *piston de marquage*.

Piston de marquage : Accessoire le plus souvent en plastique. Un cylindre fermé à un bout par un filet et muni d'un piston en mousse.

On y introduit la reine à marquer et en poussant doucement le piston on la coince contre le filet. Il ne reste plus qu'à marquer la reine à travers les mailles du filet.

Ce dispositif est utilisé par les apiculteurs qui ne savent pas prendre et manipuler une reine avec leurs doigts.

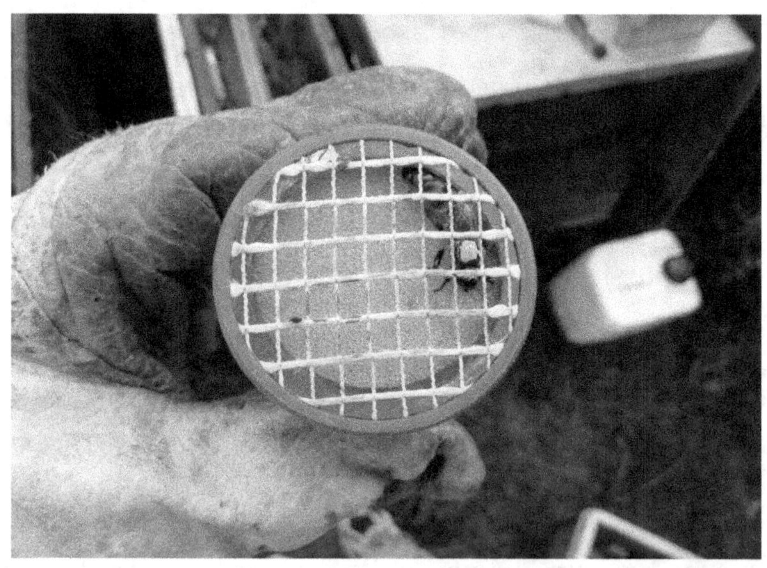

Poids d'une abeille : le poids d'une abeille est de 0,1 gramme. Il faut donc dix abeilles pour faire un gramme. Un kilo d'abeilles fait donc dix mille abeilles. A retenir pour calculer le nombre d'abeilles dans un essaim.

Planche de vol : La planche de vol est la piste de décollage et d'atterrissage de nos abeilles. Veillons à ce qu'elle soit installée et suffisamment large pour faciliter leur va-et-vient vers la ruche.

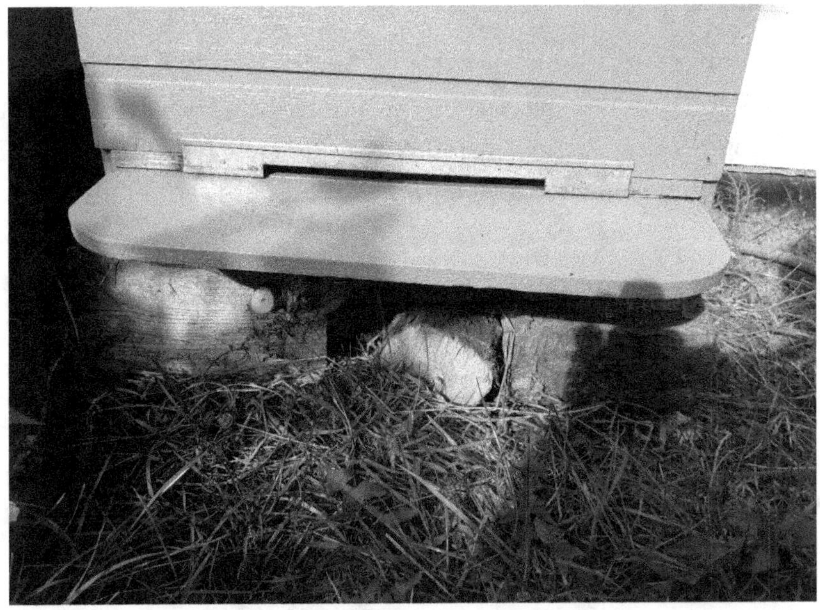

Pollen : Le pollen des fleurs est une source de protéines pour les abeilles et le couvain. Un manque de pollen entraînera des abeilles moins vigoureuses.

Chaque pollen a une couleur différente et permet d'identifier ce que les abeilles rapportent à la ruche. Le transport du pollen est fait dans les corbeilles placées sur les pattes des ouvrières.

Du pollen se retrouve dans le *miel* et permet d'identifier à l'analyse les fleurs qui ont été butinées pour récolter le miel.

Pollinisation : les abeilles participent efficacement à la pollinisation en butinant de fleurs en fleurs. Elles transportent ainsi les grains de *pollen* qui vont féconder d'autres fleurs. Elles sont très importantes par leur population et le nombre de fleurs visitées chaque jour.

Ponte : la reine pond des œufs fécondés qui donnent naissance à des ouvrières ou à une reine et des œufs non fécondés qui donnent naissance à des faux-bourdons. La reine détermine selon la taille de la cellule quel type d'œuf elle doit pondre.

La *reine* peut pondre jusqu'à 2500 œufs par jour. Elle est stimulée par la température, la longueur des jours, la récolte.

Fin janvier, elle pond quelques dizaines d'œufs et augmente le rythme qui est maximal en mai avant de diminuer jusqu'aux premières gelées.

La reine n'est fécondée que lors de son *vol nuptial* qui peut avoir lieu deux jours d'affilée et cela lui suffit pour le reste de sa vie.

Pot : on en trouve de toutes les tailles et en matériaux divers. Cela va généralement de 125 grammes à un kilo. Les matières les plus employées sont le verre et le plastique.

Prévention de l'essaimage : les techniques de prévention d'*essaimage* sont multiples :

- choisir une *race* peu essaimeuse,

- avoir des *reines* de moins de trois ans,

- *sélectionner* sur le caractère peu essaimeur,

- donner de la place,

- faire travailler les abeilles en donnant des cadres à bâtir,

- bien aérer la ruche, notamment en retirant le tiroir de plancher par temps chaud,

- mettre la hausse à temps.

En dernier ressort, détruire les cellules royales et prélever des cadres et des abeilles pour créer un nucléus.

Propolis : la propolis est une substance que fabriquent les abeilles au départ de résines récupérées sur les plantes. Elles l'utilisent pour colmater les fissures et boucher les trous. Certaines colonies propolisent plus que d'autres.

La propolis a des propriétés désinfectantes et participe à l'hygiène de la ruche.

Certains apiculteurs récupèrent la propolis pour la mélanger à de l'alcool et en faire un désinfectant à usage externe.

La propolis fait de vilaines tâches qui peuvent être retirées avec de l'alcool.

Protections : On ne répétera jamais assez de ne pas ouvrir de ruches sans protections.

- Une combinaison, soit intégrale ou au moins une vareuse. Choisissez un tissu suffisamment lisse pour que les abeilles ne s'accrochent pas. La combinaison doit couvrir la tête et assurez-vous que le voile soit de couleur noire pour faciliter la vision,

- une paire de *gants*,

- un *enfumoir*.

R

Recherche de la reine : pour chercher la reine, il faut être méthodique.

La recherche est plus facile quand il y a peu d'abeilles. N'attendez pas le mois de mai quand les ruches débordent d'abeilles.

Travaillez avec peu de fumée. La reine se remarque à sa démarche, lente et assurée bien qu'une jeune reine aura plutôt tendance à se cacher.

Commencer par un côté de la ruche. Retirez le premier cadre et examinez l'intérieur de la ruche. Regardez ensuite un côté du cadre, ensuite l'autre face et revenez au premier côté.

Balayez du regard les côtés avant de revenir vers le centre. Ensuite déposez le cadre dans une ruchette vide et prenez le second cadre avec lequel vous procédez de la même façon. Vous le remettez à la place où était le premier cadre. Continuez ainsi jusqu'à ce que vous trouvez la reine ou arrivez de l'autre côté.

La reine se trouve le plus souvent sur un cadre de couvain.

Prenez ensuite le premier cadre et remettez-le en place.

Si vous n'avez pas trouvé la reine, ré-essayez une autre fois.

Récupération d'un essaim : il n'y a pas d'apiculture sans essaimage. L'essaimage est la seule façon naturelle pour l'abeille de multiplier les colonies.

Le matériel pour récupérer un essaim est :

- une ruchette,

- une protection,

- des gants,

- un enfumoir,

- un seau,

- un pulvérisateur d'eau,

- un linge humide

- une brosse

Positionnez-vous en-dessous de l'essaim et pulvérisez-le avec de l'eau. Faites le tomber dans le seau par un coup sur une branche ou en le détachant avec le lève-cadre. Aidez-vous de la brosse le cas échéant. Recouvrez le seau d'un linge humide.

Déposez le contenu du seau dans la ruchette sur laquelle vous replacez le couvre-cadre. Si vous avez attraper la reine, les abeilles vont battre le rappel et d'autres abeilles vous arriver. Dans le cas contraire, les abeilles vont quitter la ruchette et rejoindre la reine et vous devez recommencer.

Quand vous avez la reine, laissez la ruchette en place et revenez la chercher le soir quand les abeilles sont rentrées. Fermez la ruchette avec une sangle et une fermeture d'entrée pour le transport.

Retournez au rucher où vous la mettez en place avec des cires gaufrées et retirez la fermeture d'entrée.

Réducteur d'entrée : ce petit accessoire que l'on place à l'entrée de la ruche est très utile pour réduire la porte d'entrée et aider les abeilles.

En hiver, il permet d'empêcher une souris de s'installer au chaud dans la ruche.

En réduisant la dimension de l'entrée, il peut aider les abeilles contre une attaque de frelons.

Une fois la période de miellée débutée, on retire les réducteurs d'entrée pour faciliter le passage des abeilles.

Réfractomètre : instrument qui permet de mesurer le taux d'*humidité* du miel. Mesurez le taux d'*humidité* avant de récolter, car une fois extrait, il n'est plus possible de diminuer le taux d'humidité.

Un miel au dessus de 18 % d'humidité va fermenter et devenir impropre à la fermentation.

Reine : élément principal de la ruche. Sa lignée garantit la qualité de la colonie. Ses phéromones assurent la cohésion de la colonie.

Races : on devrait parler d'écotypes plutôt que de races. Les races les plus connues sont :

- l'abeille noire : Son nom est mellifera mellifera. Elle est assez agressive avec un développement tardif. C'est l'abeille indigène, sensible à la nosémose, une bonne butineuse, rustique, économe et qui arrête tôt son développement. Elle fait une très bonne miellée au printemps et en été et a un couvain relativement réduit.

- la carnica : Parfois aussi appelée l'abeille grise. Elle est très douce, essaimeuse, démarre tôt , hiverne avec de petites populations et a un développement explosif au printemps.

- L'abeille jaune ou italienne. Pas très adaptée au climat de nord. Elle est douce, facile à travailler, productive,relativement essaimeuse et a beaucoup de couvain. Par contre elle n'est pas très économe et nécessite d'être bien nourrie. n'apprécie pas les hivers rigoureux et les changements de temps au printemps.

- La buckfast : Abeille douce qui développe une forte population et entrepose ses réserves loin du nid. Elle est productive, tient bien le cadre, propolise peu. Elle est peu essaimeuse. Il faut lui donner des miellées intenses.

Reproduction : la reproduction de l'abeille est assurée par la reine qui est fécondée au début de sa vie lors du *vol nuptial*.

La reine pond des œufs fécondés pour donner naissance à des ouvrières et des œufs non fécondés pour donner naissance aux faux-bourdons.

Si un œuf d'ouvrière est nourri avec beaucoup de gelée royale, la larve se transformera en reine.

Réunion : action de rassembler deux colonies pour en faire une seule plus forte.

Si les deux colonies ont une reine, choisissez celle que vous voulez garder et éliminez l'autre.

Placez la colonie avec reine dans une ruche suffisamment grande. Masquez son odeur en plaçant sur le plancher un mouchoir avec une odeur forte. Par exemple de l'alcool, sirop de menthe …

Placez à côté de cette colonie, l'autre colonie qui a été orphelinée une demi-heure auparavant.

Refermez la ruche et laissez faire la nature. La colonie avec la reine va prendre le dessus sur la colonie orpheline.

Ruche : il en existe de toutes les tailles , les formes. Les matériaux utilisés sont divers: bois, plastique, polystyrène, paille.

A l'origine, l'abeille utilisait un arbre creux ou une anfractuosité dans un rocher.

Ruche bourdonneuse : une ruche sans reine est incapable de se remérer s'il n'y a plus de larves de moins de trois ou quatre jours dans la colonie. Dans ce cas, sans un apport de couvain ouvert, des abeilles vont se mettre à pondre. Comme elles n'ont pas été fécondées, ces œufs donneront naissance à des mâles petits et chétifs.

La présence de plusieurs œufs par cellules est le signe d'un ruche dite bourdonneuse, car les seules éclosions sont des bourdons.

Il est très difficile de remérer une ruche bourdonneuse. Le mieux est de la porter à cinquante mètres du rucher et de secouer les cadres. Ainsi vous récupérez les butineuses.

Rucher : ensemble des ruches installées à un même endroit. Il existe des ruchers couverts et des ruchers fermés.

Ruchette : ruche avec moins de cadres. Si une ruche Dadant fait dix ou douze cadres, on trouve des ruchettes de cinq, six ou sept cadres.

La ruchette est intéressante pour créer une nouvelle colonie et même pour hiverner une petite colonie. L'hivernage d'une colonie sur cinq cadres est possible si elle est bien isolée.

Rupture de ponte : technique qui consiste à enfermer la reine dans une cagette – scalvini ou mozatto - ou une cage d'enfermement d'un cadre entier.

L'idée est d'empêcher la reine de pondre pour pouvoir faire un traitement anti-varroa sans couvain.

La reine reste présente dans la ruche pour assurer la cohésion et est empêchée de pondre. Au bout de trois semaines, tout le couvain est éclos. On peut alors traiter le varroa en absence de couvain, ce qui rend le traitement plus efficace. On libère à ce moment la reine. En cas d'utilisation de la cage d'enfermement, il faut supprimer le cadre avec couvain.

S

Sapin (miel de) : le sapin ne fleurit pas, mais les abeilles récoltent le miellat des pucerons qui vivent sur les sapins. Ce miel est produit à la fin de l'été dans les régions où il y a beaucoup de sapins comme les Vosges et le Jura.

C'est un miel très recherché, assez foncé et au goût prononcé.

Sélection : action de sélectionner les abeilles sur base de critères précis.

Les critères les plus souvent retenus sont : la douceur, le non-essaimage, la productivité, le nettoyage …

Pour sélectionner on mesure la qualité des reines et de leurs colonies et on élimine les reines qui ne correspondent pas aux critères en les remplaçant par celles qui présentent les qualités attendues.

La sélection est un travail de longue haleine qui se pratique sur plusieurs années avant de voir des résultats.

Sirop : mélange de sucre dans de l'eau pour nourrir les abeilles après la récolte d'été afin de reconstituer les réserves pour l'hiver.

Pour une colonie de Buckfast, on donne environ quinze kilos de sirop. Pour d'autres races, le poids de sirop peut être moins élevé.

Le sirop est souvent à 50 % c'est à dire 50 % de sucre et 50 % d'eau. Si on fait son sirop soi-même, on conseille d'ajouter un peu de vinaigre pour faciliter l'absorption par les abeilles.

Attention le sirop préparé peut fermenter surtout s'il n'est pas stocké au frais.

Il est possible de trouver des sirops préparés dans le commerce spécialisé dont la conservation est meilleure.

Souris : il arrive durant l'hiver qu'une souris s'introduise dans la ruche. C'est à éviter car elle dérange la grappe d'abeilles .

Une souris se remarque aux déchets de cire trouvé sur le plancher.

Pour éviter la présence de souris, placez les réducteurs d'entrée dès le début de l'hivernage de la colonie.

Stimulation : action de stimuler la ponte de la reine pour avoir beaucoup de butineuses au moment de la miellée. Cette stimulation est aussi appelé nourrissage spéculatif.

La stimulation se fait en donnant du sirop à la colonie en petites quantités pendant plusieurs jours. Cela simule une miellée.

La stimulation doit avoir lieu six semaines avant la miellée attendue pour laisser le temps aux œufs de donner naissance aux abeilles et à celles-ci de devenir des butineuses.

Le risque est que la miellée ne soit pas au rendez-vous - longue période de pluie par exemple. Dans ce cas la stimulation favorise l'essaimage.

La stimulation est aussi utilisée après la dernière récolte d'été pour stimuler la ponte de la reine avant de nourrissage d'hiver.

Support : élément sur lequel une ruche est déposée au rucher.

On peut avoir des supports individuels ou pour plusieurs ruches.

Les plus simples sont des palettes et des parpaings. Des madriers attachés à des parpaings sont souvent utilisés.

Les supports pour plusieurs ruches présentent l'inconvénient de propager les chocs aux ruches voisines et d'installer les ruches en ligne ce qui favorise la *dérive*.

T

Teigne : voir *fausse-teigne*.

Température : Une température constante est importante pour les abeilles et pour la bonne santé du *couvain*.

Les abeilles régulent la température en produisant de la chaleur en hiver. Cette production vient d'une utilisation des muscles des ailes sans mouvement ce qui produit de la chaleur. En hiver, les abeilles se mettent en grappe serrée et assurent une rotation entre les abeilles du centre et de l'extérieur de la grappe.

Pour aider les abeilles, resserrez les colonies sur un nombre de cadres correspondant à leur force et placez des isolants dans le toit et contre les partitions.

En été, la chaleur dans la ruche peut devenir trop élevée. Les abeilles vont l'abaisser en évaporant de l'eau et en créant une ventilation de l'intérieur vers l'extérieur. Il est fréquent de voir des ventileuses sur la planche de vol en période de canicule.

Aidez les abeilles en plaçant une isolation dans le toit, en retirant le tiroir du plancher et en prévoyant une source d'eau à proximité du rucher.

Test du couvain : quand on hésite sur la présence d'une reine dans une colonie, le test du couvain permet de facilement déterminer si une reine est présente.

Il consiste à placer un cadre de couvain ouvert au milieu du couvain et de revenir deux jours plus tard. Si les abeilles ont construit des cellules royales, c'est que la colonie était orpheline. Conservez deux ou trois cellules et éliminez les autres.

S'il n'y a pas de cellules royales, c'est qu'une reine est présente. Recherchez-la afin de la *marquer*.

Toit : partie haute de la ruche au-dessus du corps ou des hausses.

Il existe deux types de toit.

Le toit plat pratique pour y déposer un objet et qui permet l'empilement des ruches pour le transport.

Le toit chalet qui est à deux pans inclinés.

Transhumance : action de déplacer des ruches pour les amener à un endroit où les colonies pourront faire une belle récolte ou polliniser une culture, par exemple un verger.

Dans le cas d'une *pollinisation*, l'apiculteur peut demander une rémunération pour l'indemniser du travail et du déplacement. Il est conseillé de rédiger un contrat entre les parties reprenant la durée, le nombre et la force des ruches, et surtout l'absence de traitement du verger pendant la présence des colonies ...

Transport : le transport d'abeilles nécessite de fermer la ruche la veille au soir, mais en assurant une ventilation maximum - entrée ventilée et tiroir de plancher retiré.

Le plus grand risque durant le transport est le coup de chaleur.

Pour des longs trajets;il est conseillé de voyager de nuit aux heures les plus froides.

Dès l'arrivée à destination, installez les ruches et libérez les abeilles pour qu'elles fassent un *vol d'orientation*.

Trappe à pollen : accessoire placé devant l'entrée de la ruche pour récolter du *pollen*. Il réduit le passage des abeilles qui perdent une partie du pollen récolté qui tombe dans un récipient à la base de la trappe.

Le pollen doit être récolté chaque soir car il est hydrofuge. Un tri est nécessaire pour éliminer les impuretés mélangées au pollen.

Le pollen récolté se conserve dans un pot en verre et au frigo.

Il ne faut pas laisser la trappe en place trop longtemps sur la même ruche car la colonie risquerait une carence d'apport en pollen.

Un inconvénient de la trappe à pollen est d'empêcher la sortie des *faux-bourdons*. Certaines trappes prévoient un passage pour les faux-bourdons sur le côté.

V

Varroa : acarien présent dans les ruches et qui affaiblit les colonies d'abeilles.

Ce petit acarien se reproduit dans les alvéoles du couvain. Une ou plusieurs femelles s'introduisent dans le couvain avant operculation et vont donner naissance à une dizaine de varroas qui créent des lésions à l'abeille en formation.

L'abeille n'en meurt pas, mais garde des blessures par où des virus vont s'introduire.

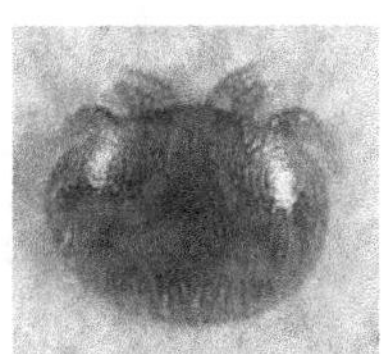

La reproduction du varroa est extrêmement rapide et au-delà d'un certain nombre affaiblit et détruit la colonie.

Les techniques pour combattre le varroa sont bio-techniques et chimiques.

Pour les techniques chimiques, suivez les conseils de votre groupement apicole de façon à utiliser le même produit dans chaque région et éviter l'accoutumance du varroa au produit.

Pour les bio-techniques, il faut citer le cadre à mâles, la rupture de ponte, l'essaim nu, l'utilisation des huiles essentielles …

J'ai publié un livre sur le sujet qui décrit en détail la biologie du varroa et les techniques à disposition. **Techniques de lutte contre le varroa** ASIN B07NQQ42KC .

Vente : la vente de miel est parfois difficile pour certains apiculteurs. Voici quelques conseils de marketing pour devenir un bon vendeur.

D'abord, faites savoir que vous avez du miel à vendre. Un panneau devant votre maison est indispensable.

Faites-vous aussi connaître en participant à des braderies, brocantes et marchés de Noël de votre quartier. Offrez quelques pots pour la tombola de l'école de vos enfants. Le bouche à oreille fera le reste.

Quand les gens viennent chez vous, bien sûr réservez-leur un bon accueil. L'apiculture bénéficie d'un capital sympathie important. Expliquez aux gens ce qu'est l'apiculture, le plaisir, les difficultés ainsi que les vertus du miel. Beaucoup sont inquiets pour la santé des abeilles.

Les personnes sont aussi intéressées par connaître les différents miels : toutes fleurs, printemps, été, acacia …

Il est important aussi de vendre son miel à un prix raisonnable. Faites une étude de marché des prix pratiqués par les autres apiculteurs et revendeurs de votre région.

Et puis décrivez l'environnement de votre rucher. Avec tous ces petits trucs, vous fidéliserez vos clients tout en assurant l'écoulement de votre production.

Visite de printemps : il s'agit de la première ouverture de la ruche de la saison.

On conseille d'attendre trois jours consécutifs où la température à atteint 15° C.

Les objectifs de la visite de printemps sont :

- d'évaluer la force de la colonie,

- de vérifier la présence de la reine ou d'œufs,

- d'examiner la quantité de réserve,

- de déterminer l'état sanitaire de la colonie.

Préparez tout le matériel dont vous pouvez avoir besoin. Une partition, une cire gaufrée …

L'objectif est une visite rapide pour ne pas refroidir la colonie. Prévoir une planchette pour mettre sur la moitié de la ruche que l'on ne visite pas, réduit la perte de chaleur.

On mesure la force de la colonie au nombre de cadres occupés ainsi qu'au nombre de cadres de couvain. Si les réserves sont insuffisantes donnez du candi – pas de sirop tant que les nuits sont froides.

Si vous constatez une colonie sans reine, notez-le pour faire une réunion ou pour la placer en-dessous d'une autre ruche. Les abeilles monteront naturellement vers le couvain pour renforcer la colonie avec reine.

Voirnot : apiculteur lorrain du XIX ème siècle qui a donnée son nom à une ruche de forme carrée.

L'avantage de la ruche Voirnot est d'être proche d'une ruche écologique. Sa dimension, un peu petite oblige de la traiter en divisible.

Vol d'orientation : parfois, on remarque que les abeilles font un vol stationnaire devant la ruche. Il s'agit d'un vol d'orientation réalisé par de jeunes abeilles. Elles enregistrent l'inclinaison et la position du soleil ce qui leur permettra par la suite de retrouver la ruche après un butinage.

Même s'il n'y a pas de soleil, les abeilles détectent la lumière polarisante à travers les nuages.

Vol de ruches : un sujet que l'on préférerait ne pas devoir aborder, mais qui devient de plus en plus fréquent. Il est particulièrement dérangeant car ces « emprunts » sont plus que probablement pratiqués par des apiculteurs indélicats.

Comment s'en protéger ?

- Marquez les ruches en gravant une inscription. Cela permet d'identifier la ruche comme étant la vôtre,

- attachez la ruche à un support. Toutes les ruches entre elles avec un câble métallique,

- laissez le plancher indépendant du corps de ruche. Quand on soulève la ruche, le plancher reste sur place,

- placez des détecteurs GPS dans la ruche. C'est une solution onéreuse, mais qui permet de localiser la ruche,

- fermez le rucher avec un bon cadenas,

- gardez son rucher invisible de la route ou du chemin,

- évitez d'amener des inconnus à son rucher ou d'indiquer son emplacement.

Vol nuptial : un moment très important pour la reine vierge qui a lieu quelques jours après sa naissance.

Par une belle journée, la reine va prendre son envol et lors de ce vol nuptial être fécondée par plusieurs faux-bourdons ce qui évite la consanguinité. Ceux-ci grâce à leurs grands yeux la repèrent et la rattrapent avec leur puissance de vol.

La fécondation a lieu en vol. La reine retourne ensuite à la ruche et un second vol nuptial pourra avoir lieu le lendemain.

Cette fécondation suffira pour que la reine assure la descendance de sa colonie pendant plusieurs années.

Il arrive parfois que la reine ne retourne pas à la ruche ; soit qu'elle ne la retrouve pas, soit qu'elle soit mangée par un oiseau durant son vol. Dans ce cas, sauf intervention de l'apiculteur, la colonie est condamnée car il n'y a plus de jeunes larves dans la ruche pour permettre un nouvel élevage royal.

W-X-Y-Z

WBC : Type de ruche divisible qui n'est plus beaucoup employée actuellement.

Lexique

Pour ceux qui désirent surfer sur les sites anglophones, je vous joins ce lexique Anglais / Français du vocabulaire apicole courant.

A

After swarm	Essaim secondaire
Alimantary Canal	Tube digestif
American Foolbrood	Loque américaine

B

Bee	Abeille
Bee forage	Source de miellée
Beekeeper	Apiculteur
Bee veil	Voile
Brood	Couvain
Brood Chamber	Corps de ruche
Build combs (to)	Bâtir des rayons
Butt	Ruche en paille

C

Cap (to)	Operculer
Cappings	Opercules
Cast swarm	Essaim secondaire
Cell	Cellule
Clearer board	Plateau chasse-abeilles
Cluster outside the entrance (to)	Faire la barbe
Crown board	Couvre cadres

D

Drone	Faux Bourdon
Drone laying queen	Reine bourdonneuse

E

Egg	Oeuf
European Foolbrood	Loque européenne

F

Fan (to)	Ventiler
Feeder	Nourrisseur
Field bee	Butineuse
Flight Board	Planche d'envol
Foundation	Cire gaufrée
Frame	Cadre

| Frame spacer | Espaceur |
| Fungus | Champignon |

G

Gather nectar (to)	Butiner
Grub	Larve
Guard bee	Gardienne

H

Hatch (to)	Eclore
Hive	Ruche
Hive a swarm (to)	Enrucher
Hive body	Corps de ruche
Hive tool	Lève-cadre
Honey	Miel
Honey Chamber	Hausse à miel
Honey harvest	Récolte
Honey Super	Hausse à miel
Hornet	Frelon
Hum (to)	Bourdonner
Humble bee	Bourdon

I

| Isle of Wight Disease | Acariose |

L

Lay (to)   Pondre

M

Main nectar flow   Miellée principale
Mating Flight   Vol nuptial
Mating hive   Ruchette de fécondation
Mead   Hydromel
Mealt (to)   Fondre
Moisture   Humidité
Mould   Moisissure

N

Nurse bee   Nourrice

O

Observation frame   Cadre témoin

P

Pollen load   Pelote de pollen
Prime swarm   Essaim primaire

Q

Queen   Reine
Queen excluder   Grille à reine

R

Royal Jelly   Gelée royale

S

Sealed   Operculé
Shallow box   Hausse
Shook swarm   Essaim artificiel
Smoker   Enfumoir
Sting   Dard
Sting (to)   Piquer
Super clearer   Plateau chasse-abeille
Swarm   Essaim

U

Uncap (to)   Désoperculer

V

Venom   Venin

W

Wasp   Guêpe
Wax   Cire
Wax moth   Fausse-teigne
Wings   Ailes
Winter (to)   Hiverner

Wired Foundation
Work a plant (to)

Cire gaufrée armée
Butiner

Autres livres de Patrick Olivier

Bien Débuter en Apiculture

Apiculture Pratique au fil des Mois

Techniques de Lutte contre le Varroa

L'agressivité des abeilles : comment la diminuer

Les Plantes Mellifères

L'Apiculture Racontée aux Amoureux de la Nature

Une Part d'Ombre   roman

Un Dernier Tour de Piste   roman

Un Vent Nouveau   roman

La Culture sous Serre

Le Petit Élevage de Poules

Réussir son Compost

Astuces pour un Potager Naturel

Réussir ses Boutures

<u>Chevaux en Prairie</u>

<u>Le Dico des chevaux</u>

www.ingramcontent.com/pod-product-compliance
Lightning Source LLC
Chambersburg PA
CBHW050836260726
48660CB00006B/2279